DIRETORA

Oi, gente!

Aqui está o Diário de Maisa!

Eu vou ajudar a organizar o seu dia a dia.

E o melhor: vamos passar um
ano inteiro juntos!

Que legal!

Um bom ano pra todos nós!

Maisa

Foto: Criativy Estúdio

* ESTA AGENDA PERTENCE A

NOME: --

ENDEREÇO: --

BAIRRO: ------------------------ CEP: ------------------------

CIDADE: ------------------------ ESTADO: ------------------------

TEL.: --

CEL.: --

E-MAIL: --

IDENTIDADE: --

CPF: --

* E NA INTERNET...

FACEBOOK: --

TWITTER: --

SKYPE: --

INSTAGRAM: ------------------------ SNAPCHAT: ------------------------

* PARA USO MÉDICO

TIPO SANGUÍNEO: ------------------------

SOU ALÉRGICO A: ------------------------

----

* EM CASO DE EMERGÊNCIA, LIGAR PARA

NOME: ------------------------

TEL.: ------------------------

CEL.: ------------------------

CONTATOS IMPORTANTES

Nome:	Telefone:	E-mail:

TELEFONES ÚTEIS

POLÍCIA: 190

CORPO DE BOMBEIROS: 193

PRONTO-SOCORRO: 192

MÉDICO:

DENTISTA:

VETERINÁRIO:

FARMÁCIA:

ESCOLA:

TÁXI:

OUTROS...

* UM POUCO MAIS SOBRE MIM *

ANIVERSÁRIO: --

ALTURA: --

CIDADE NATAL: --

UMA CITAÇÃO: --

COR PREFERIDA: --

PRIMEIRO SHOW: --

SUPERPODER QUE GOSTARIA DE TER: --

BANDA FAVORITA: --

UMA MÚSICA INESQUECÍVEL: --

UMA VIAGEM INESQUECÍVEL: --

LUGAR QUE GOSTARIA DE VISITAR: --

FILME FAVORITO: --

ESPORTE FAVORITO: --

LIVRO FAVORITO: --

UMA COMIDA IRRESISTÍVEL: --

UMA BEBIDA: --

UM HOBBY: --

UM MEDO: --

CELEBRIDADE DE QUE GOSTA: --

UMA CURIOSIDADE: --

UM SONHO: --

CALENDÁRIO 2017

Janeiro

Dom	Seg	Ter	Qua	Qui	Sex	Sáb
1	2	3	4	5	6	7
8	9	10	11	12	13	14
15	16	17	18	19	20	21
22	23	24	25	26	27	28
29	30	31				

Fevereiro

Dom	Seg	Ter	Qua	Qui	Sex	Sáb
			1	2	3	4
5	6	7	8	9	10	11
12	13	14	15	16	17	18
19	20	21	22	23	24	25
26	27	28				

Março

Dom	Seg	Ter	Qua	Qui	Sex	Sáb
			1	2	3	4
5	6	7	8	9	10	11
12	13	14	15	16	17	18
19	20	21	22	23	24	25
26	27	28	29	30	31	

Abril

Dom	Seg	Ter	Qua	Qui	Sex	Sáb
						1
2	3	4	5	6	7	8
9	10	11	12	13	14	15
16	17	18	19	20	21	22
23	24	25	26	27	28	29
30						

Maio

Dom	Seg	Ter	Qua	Qui	Sex	Sáb
	1	2	3	4	5	6
7	8	9	10	11	12	13
14	15	16	17	18	19	20
21	22	23	24	25	26	27
28	29	30	31			

Junho

Dom	Seg	Ter	Qua	Qui	Sex	Sáb
				1	2	3
4	5	6	7	8	9	10
11	12	13	14	15	16	17
18	19	20	21	22	23	24
25	26	27	28	29	30	

Julho

Dom	Seg	Ter	Qua	Qui	Sex	Sáb
						1
2	3	4	5	6	7	8
9	10	11	12	13	14	15
16	17	18	19	20	21	22
23	24	25	26	27	28	29
30	31					

Agosto

Dom	Seg	Ter	Qua	Qui	Sex	Sáb
		1	2	3	4	5
6	7	8	9	10	11	12
13	14	15	16	17	18	19
20	21	22	23	24	25	26
27	28	29	30	31		

Setembro

Dom	Seg	Ter	Qua	Qui	Sex	Sáb
					1	2
3	4	5	6	7	8	9
10	11	12	13	14	15	16
17	18	19	20	21	22	23
24	25	26	27	28	29	30

Outubro

Dom	Seg	Ter	Qua	Qui	Sex	Sáb
1	2	3	4	5	6	7
8	9	10	11	12	13	14
15	16	17	18	19	20	21
22	23	24	25	26	27	28
29	30	31				

Novembro

Dom	Seg	Ter	Qua	Qui	Sex	Sáb
			1	2	3	4
5	6	7	8	9	10	11
12	13	14	15	16	17	18
19	20	21	22	23	24	25
26	27	28	29	30		

Dezembro

Dom	Seg	Ter	Qua	Qui	Sex	Sáb
					1	2
3	4	5	6	7	8	9
10	11	12	13	14	15	16
17	18	19	20	21	22	23
24	25	26	27	28	29	30
31						

Principais feriados:

01/01 - Confraternização Universal
28/02 - Carnaval
14/04 - Paixão de Cristo
21/04 - Tiradentes
01/05 - Dia do Trabalho
15/06 - Corpus Christi
07/09 - Independência do Brasil
12/10 - Nossa Srª Aparecida - Padroeira do Brasil
02/11 - Finados
15/11 - Proclamação da República
25/12 - Natal

CALENDÁRIO 2018

Janeiro

Dom	Seg	Ter	Qua	Qui	Sex	Sáb
	1	2	3	4	5	6
7	8	9	10	11	12	13
14	15	16	17	18	19	20
21	22	23	24	25	26	27
28	29	30	31			

Fevereiro

Dom	Seg	Ter	Qua	Qui	Sex	Sáb
				1	2	3
4	5	6	7	8	9	10
11	12	13	14	15	16	17
18	19	20	21	22	23	24
25	26	27	28			

Março

Dom	Seg	Ter	Qua	Qui	Sex	Sáb
				1	2	3
4	5	6	7	8	9	10
11	12	13	14	15	16	17
18	19	20	21	22	23	24
25	26	27	28	29	30	31

Abril

Dom	Seg	Ter	Qua	Qui	Sex	Sáb
1	2	3	4	5	6	7
8	9	10	11	12	13	14
15	16	17	18	19	20	21
22	23	24	25	26	27	28
29	30					

Maio

Dom	Seg	Ter	Qua	Qui	Sex	Sáb
		1	2	3	4	5
6	7	8	9	10	11	12
13	14	15	16	17	18	19
20	21	22	23	24	25	26
27	28	29	30	31		

Junho

Dom	Seg	Ter	Qua	Qui	Sex	Sáb
					1	2
3	4	5	6	7	8	9
10	11	12	13	14	15	16
17	18	19	20	21	22	23
24	25	26	27	28	29	30

Julho

Dom	Seg	Ter	Qua	Qui	Sex	Sáb
1	2	3	4	5	6	7
8	9	10	11	12	13	14
15	16	17	18	19	20	21
22	23	24	25	26	27	28
29	30	31				

Agosto

Dom	Seg	Ter	Qua	Qui	Sex	Sáb
			1	2	3	4
5	6	7	8	9	10	11
12	13	14	15	16	17	18
19	20	21	22	23	24	25
26	27	28	29	30	31	

Setembro

Dom	Seg	Ter	Qua	Qui	Sex	Sáb
						1
2	3	4	5	6	7	8
9	10	11	12	13	14	15
16	17	18	19	20	21	22
23	24	25	26	27	28	29
30						

Outubro

Dom	Seg	Ter	Qua	Qui	Sex	Sáb
	1	2	3	4	5	6
7	8	9	10	11	12	13
14	15	16	17	18	19	20
21	22	23	24	25	26	27
28	29	30	31			

Novembro

Dom	Seg	Ter	Qua	Qui	Sex	Sáb
				1	2	3
4	5	6	7	8	9	10
11	12	13	14	15	16	17
18	19	20	21	22	23	24
25	26	27	28	29	30	

Dezembro

Dom	Seg	Ter	Qua	Qui	Sex	Sáb
						1
2	3	4	5	6	7	8
9	10	11	12	13	14	15
16	17	18	19	20	21	22
23	24	25	26	27	28	29
30	31					

Principais feriados:

01/01 - Confraternização Universal
13/02 - Carnaval
30/03 - Paixão de Cristo
21/04 - Tiradentes
01/05 - Dia do Trabalho
31/05 - Corpus Christi
07/09 - Independência do Brasil
12/10 - Nossa Srª Aparecida - Padroeira do Brasil
02/11 - Finados
15/11 - Proclamação da República
25/12 - Natal

JANEIRO

Segunda-feira	Terça-feira	Quarta-feira	Quinta-feira	Sexta-feira	SÁBADO	DOMINGO

Tendo o respeito dos outros e o respeito por si próprio, todo mundo tem uma chance maior de ser feliz.

Foto: Criat.vy Estúdio

ANIVERSARIANTES DO MÊS ↓

Nome:	Dia:

PRINCIPAIS PROVAS ↓

Disciplina:	Dia:

METAS DE JANEIRO

FAMÍLIA:

- [ ]
- [ ]
- [ ]
- [ ]
- [ ]

AMIGOS:

- [ ]
- [ ]
- [ ]
- [ ]
- [ ]

ESCOLA:

- [ ]
- [ ]
- [ ]
- [ ]
- [ ]

PRA MIM:

- [ ]
- [ ]
- [ ]
- [ ]
- [ ]

OUTRAS:

- [ ]
- [ ]
- [ ]
- [ ]
- [ ]

1

S T Q Q S S D

Confraternização Universal

2

S T Q Q S S D

JANEIRO

S T Q Q S S D

3

JANEIRO

MELHORE O DIA DE ALGUÉM.

S T Q Q S S D

4

JANEIRO

5

S T Q Q S S D

6

S T Q Q S S D

JANEIRO

Dia da Gratidão

7

S T Q Q S S D

JANEIRO

Dia do Leitor

8

S T Q Q S S D

JANEIRO

Dia do Fotógrafo

9

S T Q Q S S D

Dia do Astronauta

10

S T Q Q S S D

JANEIRO

ESTAMOS AQUI PARA ESPALHAR AMOR

S T Q Q S S D

11

JANEIRO

S T Q Q S S D

12

JANEIRO

13

S T Q Q S S D

14

S T Q Q S S D

JANEIRO

S T Q Q S S D

15

JANEIRO

Dia do Compositor

S T Q Q S S D

16

JANEIRO

17

S T Q Q S S D

18

S T Q Q S S D

JANEIRO

19

S T Q Q S S D

JANEIRO

20

S T Q Q S S D

JANEIRO

21

S T Q Q S S D

22

S T Q Q S S D

JANEIRO

S T Q Q S S D

23

JANEIRO

NÃO FAZ ESSA CARA, EU NÃO VOU TE ABDUZIR.

S T Q Q S S D

24

JANEIRO

25

S T Q Q S S D

26

S T Q Q S S D

JANEIRO

27

S T Q Q S S D

JANEIRO

28

EMPATIA

S T Q Q S S D

JANEIRO

29

S T Q Q S S D

30

S T Q Q S S D

JANEIRO

Dia da Saudade | Dia Nacional das Histórias em Quadrinhos

S T Q Q S S D

31

JANEIRO

Dia do Mágico

SE ALGUÉM
OU ALGO
ESTÁ TE
FAZENDO MAL,

NÃO GUARDE
PRA VOCÊ!

FEVEREIRO

DOMINGO

SÁBADO

Sexta-feira

Quinta-feira

Quarta-feira

Terça-feira

Segunda-feira

AS AMIZADES DESSA FASE DA VIDA, A ESCOLA, SÃO AS MAIS IMPORTANTES PARA CONSTRUIRMOS BOAS LEMBRANÇAS PARA UM FUTURO, PARA A FORMAÇÃO DE NOSSOS "FUTUROS EUS"!

Foto: Criativy Estúdio

ANIVERSARIANTES DO MÊS ↓

Nome:	Dia:

PRINCIPAIS PROVAS ↓

Disciplina:	Dia:

METAS DE FEVEREIRO

FAMÍLIA:

AMIGOS:

ESCOLA:

PRA MIM:

OUTRAS:

1

S T Q Q S S D

FEVEREIRO

2

S T Q Q S S D

FEVEREIRO

3

S T Q Q S S D

FEVEREIRO

4

AH, A INTERNET!

S T Q Q S S D

FEVEREIRO

5

S T Q Q S S D

FEVEREIRO

6

S T Q Q S S D

FEVEREIRO

S T Q Q S S D

7

FEVEREIRO

S T Q Q S S D

8

FEVEREIRO

9

S T Q Q S S D

FEVEREIRO

10

S T Q Q S S D

FEVEREIRO

S T Q Q S S D

11

FEVEREIRO

S T Q Q S S D

12

FEVEREIRO

13

S T Q Q S S D

FEVEREIRO

14

S T Q Q S S D

FEVEREIRO

15

S T Q Q S S D

FEVEREIRO

16

S T Q Q S S D

FEVEREIRO

17

S T Q Q S S D

FEVEREIRO

18

S T Q Q S S D

FEVEREIRO

NÃO SOMOS OBRIGADAS.

19

S T Q Q S S D

FEVEREIRO

20

S T Q Q S S D

FEVEREIRO

21

S T Q Q S S D

FEVEREIRO

22

S T Q Q S S D

FEVEREIRO

(PARA VOCÊ COMPLETAR!)

S T Q Q S S D

23

FEVEREIRO

S T Q Q S S D

24

FEVEREIRO

25

S T Q Q S S D

FEVEREIRO

26

S T Q Q S S D

FEVEREIRO

A RESPEITAR A GENTE É OBRIGADO, SIM! QUALQUER UM.

S T Q Q S S D

27

FEVEREIRO

S T Q Q S S D

28

FEVEREIRO

MARÇO

Segunda-feira	Terça-feira	Quarta-feira	Quinta-feira	Sexta-feira	SÁBADO	DOMINGO

POR SEGUIREM UMA ÚNICA IDEIA SEM OLHAR PARA OS LADOS, SEM ABRIR A CABEÇA PARA OUTRAS POSSIBILIDADES, AS PESSOAS PERDEM COISAS REALMENTE INCRÍVEIS.

Foto: Criativy Estúdio

ANIVERSARIANTES DO MÊS ↓

Nome:	Dia:

PRINCIPAIS PROVAS ↓

Disciplina:	Dia:

METAS DE MARÇO

FAMÍLIA:

AMIGOS:

ESCOLA:

PRA MIM:

OUTRAS:

1

S T Q Q S S D

MARÇO

2

S T Q Q S S D

MARÇO

SEGURA MEU LIKE AÍ, FERA!

S T Q Q S S D

3

MARÇO

S T Q Q S S D

4

MARÇO

5

S T Q Q S S D

MARÇO

6

S T Q Q S S D

MARÇO

UMA GAROTA NADA CONVENCIONAL.

S T Q Q S S D

7

MARÇO

S T Q Q S S D

8

MARÇO

Dia da Mulher

9

S T Q Q S S D

MARÇO

Dia Mundial do DJ

10

S T Q Q S S D

MARÇO

11

S T Q Q S S D

MARÇO

12

S T Q Q S S D

MARÇO

13

S T Q Q S S D

MARÇO

14

S T Q Q S S D

MARÇO

Dia Nacional dos Animais

S T Q Q S S D

15

MARÇO

Dia da Escola

S T Q Q S S D

16

MARÇO

17

S T Q Q S S D

MARÇO

18

S T Q Q S S D

MARÇO

S T Q Q S S D

19

MARÇO

EU ME PERMITO
VER COISAS DIFERENTES
DE VEZ EM QUANDO,
ENTENDE?

S T Q Q S S D

20

MARÇO

Dia Internacional da Felicidade

21

S T Q Q S S D

MARÇO

Dia Mundial da Poesia

22

S T Q Q S S D

MARÇO

S T Q Q S S D

23

MARÇO

S T Q Q S S D

24

MARÇO

25

S T Q Q S S D

MARÇO

26

S T Q Q S S D

MARÇO

S T Q Q S S D

27

MARÇO

Dia do Circo

ÓDIO
NÃO É
LIBERDADE
DE EXPRESSÃO
NENHUMA, TÁ?

S T Q Q S S D

28

MARÇO

29

S T Q Q S S D

MARÇO

30

S T Q Q S S D

MARÇO

Dia Mundial da Juventude

S T Q Q S S D

31

MARÇO

ABRIL

Segunda-feira	Terça-feira	Quarta-feira	Quinta-feira	Sexta-feira	SÁBADO	DOMINGO

AS MINHAS ATITUDES REFLETEM QUEM EU SOU!

Foto: Criativy Estúdio

ANIVERSARIANTES DO MÊS ↓

Nome:	Dia:

PRINCIPAIS PROVAS ↓

Disciplina:	Dia:

METAS DE ABRIL

FAMÍLIA:

AMIGOS:

ESCOLA:

PRA MIM:

OUTRAS:

1

S T Q Q S S D

ABRIL

Dia da Mentira

2

S T Q Q S S D

ABRIL

Dia Internacional do Livro Infantil

S T Q Q S S D

3

ABRIL

S T Q Q S S D

4

ABRIL

O BULLYING É ERRADO. PONTO.

5

S T Q Q S S D

ABRIL

6

S T Q Q S S D

ABRIL

RELAXEM!

7

S T Q Q S S D

ABRIL

8

S T Q Q S S D

ABRIL

9

S T Q Q S S D

ABRIL

10

S T Q Q S S D

ABRIL

11

S T Q Q S S D

ABRIL

12

S T Q Q S S D

ABRIL

TRATEI DE CORRER ATRÁS PARA REALIZAR MEU SONHO.

13

S T Q Q S S D

ABRIL

Dia do Beijo

14

S T Q Q S S D

ABRIL

S T Q Q S S D

15

ABRIL

Dia Mundial do Desenhista

S T Q Q S S D

16

ABRIL

17

S T Q Q S S D

ABRIL

18

S T Q Q S S D

ABRIL

Dia do Amigo

19

S T Q Q S S D

ABRIL

20

S T Q Q S S D

ABRIL

21

S T Q Q S S D

ABRIL

Tiradentes

22

S T Q Q S S D

ABRIL

Descobrimento do Brasil

23

S T Q Q S S D

ABRIL

Dia Mundial do Escoteiro | Dia Mundial do Livro

24

S T Q Q S S D

ABRIL

25

S T Q Q S S D

ABRIL

26

S T Q Q S S D

ABRIL

27

S T Q Q S S D

ABRIL

Dia Mundial do Design Gráfico

NADA COMO A VIVÊNCIA E A PRÁTICA!

28

S T Q Q S S D

ABRIL

Dia da Educação

29

S T Q Q S S D

ABRIL

Dia Internacional da Dança

30

S T Q Q S S D

ABRIL

MAIO

Segunda-feira	Terça-feira	Quarta-feira	Quinta-feira	Sexta-feira	SÁBADO	DOMINGO

TEMOS QUE APROVEITAR O QUE A VIDA NOS DÁ! ESSE É O VERDADEIRO JOGO DA VIDA!

Foto: Criativy Estúdio

ANIVERSARIANTES DO MÊS ↓

Nome:	Dia:

PRINCIPAIS PROVAS ↓

Disciplina:	Dia:

METAS DE MAIO

FAMÍLIA:

AMIGOS:

ESCOLA:

PRA MIM:

OUTRAS:

1

S T Q Q S S D

MAIO

Dia do Trabalho | Dia da Literatura Brasileira

2

S T Q Q S S D

MAIO

3

S T Q Q S S D

MAIO

Dia Mundial da Liberdade de Imprensa

4

S T Q Q S S D

MAIO

5

S T Q Q S S D

MAIO

6

S T Q Q S S D

MAIO

Dia da Coragem

NÃO TEMA NADA!

S T Q Q S S D

7

MAIO

S T Q Q S S D

8

MAIO

9

S T Q Q S S D

MAIO

10

S T Q Q S S D

MAIO

S T Q Q S S D

11

MAIO

DE MULHER PRA MULHER, MAIIISAAAA.

S T Q Q S S D

12

MAIO

13

S T Q Q S S D

MAIO

14

S T Q Q S S D

MAIO

MÃE

S T Q Q S S D

15

MAIO

Dia Internacional da Família

S T Q Q S S D

16

MAIO

17

S T Q Q S S D

MAIO

18

S T Q Q S S D

MAIO

S T Q Q S S D

19

MAIO

S T Q Q S S D

20

MAIO

AGORA, SEGURA ESSA.

21

S T Q Q S S D

MAIO

22

S T Q Q S S D

MAIO

Dia do Abraço

S T Q Q S S D

23

MAIO

S T Q Q S S D

24

MAIO

25

S T Q Q S S D

MAIO

26

S T Q Q S S D

MAIO

FEELING POLIGLOTA.

S T Q Q S S D

27

MAIO

Dia Mundial dos Meios de Comunicação

S T Q Q S S D

28

MAIO

29

S T Q Q S S D

MAIO

30

S T Q Q S S D

MAIO

JUNHO

Segunda-feira	Terça-feira	Quarta-feira	Quinta-feira	Sexta-feira	SÁBADO	DOMINGO

NÃO PODEMOS CONTROLAR O FUTURO, ASSIM COMO NÃO PODEMOS CONTROLAR A ROLETA DO BOM DIA E CIA!

Foto: Criativy Estúdio

ANIVERSARIANTES DO MÊS ↓

Nome:	Dia:

PRINCIPAIS PROVAS ↓

Disciplina:	Dia:

METAS DE JUNHO

FAMÍLIA:

AMIGOS:

ESCOLA:

PRA MIM:

OUTRAS:

1

S T Q Q S S D

JUNHO

Dia da Imprensa

2

S T Q Q S S D

JUNHO

3

S T Q Q S S D

JUNHO

4

S T Q Q S S D

JUNHO

5

S T Q Q S S D

JUNHO

6

S T Q Q S S D

JUNHO

7

S T Q Q S S D

JUNHO

8

S T Q Q S S D

JUNHO

COMO ASSIM?!

9

S T Q Q S S D

JUNHO

10

S T Q Q S S D

JUNHO

"Se queres prever o futuro, estuda o passado."

CONFÚCIO

11

S T Q Q S S D

JUNHO

12

S T Q Q S S D

JUNHO

Dia dos Namorados

13

S T Q Q S S D

JUNHO

14

S T Q Q S S D

JUNHO

15

S T Q Q S S D

JUNHO

16

S T Q Q S S D

JUNHO

17

S T Q Q S S D

JUNHO

18

S T Q Q S S D

JUNHO

S T Q Q S S D

19

JUNHO

Dia do Cinema Brasileiro

S T Q Q S S D

20

JUNHO

21

S T Q Q S S D

JUNHO

Dia do Profissional de Mídia | Dia do Intelectual

22

S T Q Q S S D

JUNHO

NÃO ACREDITO QUE EU DISSE ISSO, MAS TUDO BEM.

23

S T Q Q S S D

JUNHO

24

S T Q Q S S D

JUNHO

25

S T Q Q S S D

JUNHO

26

S T Q Q S S D

JUNHO

S T Q Q S S D

27

JUNHO

S T Q Q S S D

28

JUNHO

29

S T Q Q S S D

JUNHO

30

S T Q Q S S D

JUNHO

CABUM

JULHO

Segunda-feira	Terça-feira	Quarta-feira	Quinta-feira	Sexta-feira	SÁBADO	DOMINGO

ESTAMOS AQUI PARA APOIAR UNS AOS OUTROS, E NÃO PARA SERMOS PEDRAS NO CAMINHO!

Foto: Criativy Estúdio

ANIVERSARIANTES DO MÊS ↓

Nome:	Dia:

PRINCIPAIS PROVAS ↓

Disciplina:	Dia:

METAS DE JULHO

FAMÍLIA:

- [ ]
- [ ]
- [ ]
- [ ]
- [ ]

AMIGOS:

- [ ]
- [ ]
- [ ]
- [ ]
- [ ]

ESCOLA:

- [ ]
- [ ]
- [ ]
- [ ]
- [ ]

PRA MIM:

- [ ]
- [ ]
- [ ]
- [ ]
- [ ]

OUTRAS:

- [ ]
- [ ]
- [ ]
- [ ]
- [ ]

1

S T Q Q S S D

JULHO

2

S T Q Q S S D

JULHO

3

S T Q Q S S D

JULHO

4

S T Q Q S S D

JULHO

FRIENDZONE É UMA BESTEIRA.

5

S T Q Q S S D

JULHO

6

S T Q Q S S D

JULHO

S T Q Q S S D

7

JULHO

MA ÔEEEE!

S T Q Q S S D

8

JULHO

9

S T Q Q S S D

JULHO

10

S T Q Q S S D

JULHO

Dia da Pizza

11

S T Q Q S S D

JULHO

12

S T Q Q S S D

JULHO

13

S T Q Q S S D

JULHO

Dia do Rock | Dia do Cantor

14

S T Q Q S S D

JULHO

Dia da Liberdade de Pensamento

RESPEITO!

15

S T Q Q S S D

JULHO

16

S T Q Q S S D

JULHO

17

S T Q Q S S D

JULHO

18

S T Q Q S S D

JULHO

19

S T Q Q S S D

JULHO

20

S T Q Q S S D

JULHO

21

S T Q Q S S D

JULHO

22

S T Q Q S S D

JULHO

Gente, eu costumo viajar muito. Tanto **MENTALMENTE** e **LOUCAMENTE**

S T Q Q S S D

23

JULHO

quanto tirando os pés de UM LUGAR e indo PRO OUTRO.

S T Q Q S S D

24

JULHO

25

S T Q Q S S D

JULHO

Dia do Escritor

26

S T Q Q S S D

JULHO

Dia dos Avós

27

S T Q Q S S D

JULHO

28

S T Q Q S S D

JULHO

29

S T Q Q S S D

JULHO

30

S T Q Q S S D

JULHO

Dia Internacional da Amizade

S T Q Q S S D

31

JULHO

AGOSTO

DOMINGO					
SÁBADO					
Sexta-feira					
Quinta-feira					
Quarta-feira					
Terça-feira					
Segunda-feira					

O AMANHÃ NÃO PODE SER ESQUECIDO, MAS TAMBÉM NÃO PODEMOS PERDER O CONTROLE DO **HOJE**.

Foto: Criativy Estúdio

ANIVERSARIANTES DO MÊS ↓

Nome:	Dia:

PRINCIPAIS PROVAS ↓

Disciplina:	Dia:

METAS DE AGOSTO

FAMÍLIA:

- [ ]
- [ ]
- [ ]
- [ ]
- [ ]

AMIGOS:

- [ ]
- [ ]
- [ ]
- [ ]
- [ ]

ESCOLA:

- [ ]
- [ ]
- [ ]
- [ ]
- [ ]

PRA MIM:

- [ ]
- [ ]
- [ ]
- [ ]
- [ ]

OUTRAS:

- [ ]
- [ ]
- [ ]
- [ ]
- [ ]

1

S T Q Q S S D

AGOSTO

2

S T Q Q S S D

AGOSTO

3

S T Q Q S S D

AGOSTO

4

S T Q Q S S D

AGOSTO

5

S T Q Q S S D

AGOSTO

6

S T Q Q S S D

AGOSTO

7

S T Q Q S S D

AGOSTO

QUANTAS PESSOAS PUXARAM A PERUCA DO SILVIO SANTOS E SAÍRAM ILESAS?

8

S T Q Q S S D

AGOSTO

9

S T Q Q S S D

AGOSTO

10

S T Q Q S S D

AGOSTO

11

S T Q Q S S D

AGOSTO

Dia da Televisão | Dia do Estudante

12

S T Q Q S S D

AGOSTO

Dia Nacional das Artes

13

S T Q Q S S D

AGOSTO

14

S T Q Q S S D

AGOSTO

S T Q Q S S D

15

AGOSTO

S T Q Q S S D

16

AGOSTO

17

S T Q Q S S D

AGOSTO

LOUCURA, LOUCURA!

18

S T Q Q S S D

AGOSTO

S T Q Q S S D

19

AGOSTO

Dia Mundial da Fotografia | Dia do Artista de Teatro

S T Q Q S S D

20

AGOSTO

21

S T Q Q S S D

AGOSTO

22

S T Q Q S S D

AGOSTO

23

S T Q Q S S D

AGOSTO

24

S T Q Q S S D

AGOSTO

25

S T Q Q S S D

AGOSTO

26

S T Q Q S S D

AGOSTO

S T Q Q S S D

27

AGOSTO

S T Q Q S S D

28

AGOSTO

29

S T Q Q S S D

AGOSTO

30

S T Q Q S S D

AGOSTO

A MAGIA DO LIVRO É NOS LEVAR POR AÍ!

SETEMBRO

Segunda-feira	Terça-feira	Quarta-feira	Quinta-feira	Sexta-feira	SÁBADO	DOMINGO

ESTAMOS AQUI PARA ESPALHAR AMOR,

NÃO ÓDIO.

Foto: Criativy Estúdio

ANIVERSARIANTES DO MÊS ↓

Nome:	Dia:

PRINCIPAIS PROVAS ↓

Disciplina:	Dia:

METAS DE SETEMBRO

FAMÍLIA:

- [ ]
- [ ]
- [ ]
- [ ]
- [ ]

AMIGOS:

- [ ]
- [ ]
- [ ]
- [ ]
- [ ]

ESCOLA:

- [ ]
- [ ]
- [ ]
- [ ]
- [ ]

PRA MIM:

- [ ]
- [ ]
- [ ]
- [ ]
- [ ]

OUTRAS:

- [ ]
- [ ]
- [ ]
- [ ]
- [ ]

1

S T Q Q S S D

SETEMBRO

2

S T Q Q S S D

SETEMBRO

S T Q Q S S D

3

SETEMBRO

S T Q Q S S D

4

SETEMBRO

5

S T Q Q S S D

SETEMBRO

Dia do Irmão

6

S T Q Q S S D

SETEMBRO

7

S T Q Q S S D

SETEMBRO

Independência do Brasil

8

S T Q Q S S D

SETEMBRO

TUDO JUNTO, TUDO LINDO!

9

S T Q Q S S D

SETEMBRO

10

S T Q Q S S D

SETEMBRO

DIFERENTES, MAS IGUAIS!

11

S T Q Q S S D

SETEMBRO

12

S T Q Q S S D

SETEMBRO

13

S T Q Q S S D

SETEMBRO

14

S T Q Q S S D

SETEMBRO

15

S T Q Q S S D

SETEMBRO

16

S T Q Q S S D

SETEMBRO

17

S T Q Q S S D

SETEMBRO

18

S T Q Q S S D

SETEMBRO

AH, TÁ.
ATÉ PARECE!

S T Q Q S S D

19 SETEMBRO

Dia Nacional do Teatro

S T Q Q S S D

20 SETEMBRO

21

S T Q Q S S D

SETEMBRO

22

S T Q Q S S D

SETEMBRO

S T Q Q S S D

23

SETEMBRO

S T Q Q S S D

24

SETEMBRO

25

S T Q Q S S D

SETEMBRO

26

S T Q Q S S D

SETEMBRO

Dia dos Primos

S T Q Q S S D

27

SETEMBRO

S T Q Q S S D

28

SETEMBRO

29

S T Q Q S S D

SETEMBRO

30

S T Q Q S S D

SETEMBRO

OUTUBRO

Segunda-feira	Terça-feira	Quarta-feira	Quinta-feira	Sexta-feira	SÁBADO	DOMINGO

MATURIDADE NÃO É ABRIR MÃO DA INFÂNCIA!

Foto: Criativy Estúdio

ANIVERSARIANTES DO MÊS ↓

Nome:	Dia:

PRINCIPAIS PROVAS ↓

Disciplina:	Dia:

METAS DE OUTUBRO

FAMÍLIA:

- [ ]
- [ ]
- [ ]
- [ ]
- [ ]

AMIGOS:

- [ ]
- [ ]
- [ ]
- [ ]
- [ ]

ESCOLA:

- [ ]
- [ ]
- [ ]
- [ ]
- [ ]

PRA MIM:

- [ ]
- [ ]
- [ ]
- [ ]
- [ ]

OUTRAS:

- [ ]
- [ ]
- [ ]
- [ ]
- [ ]

1

S T Q Q S S D

OUTUBRO

Dia Internacional da Música

2

S T Q Q S S D

OUTUBRO

AGORA, SEGURA ESSA.

3

S T Q Q S S D

OUTUBRO

4

S T Q Q S S D

OUTUBRO

Dia dos Animais | Dia da Natureza

5

S T Q Q S S D

OUTUBRO

6

S T Q Q S S D

OUTUBRO

POR QUE *EU* LIGARIA???

7

S T Q Q S S D

OUTUBRO

8

S T Q Q S S D

OUTUBRO

9

S T Q Q S S D

OUTUBRO

10

S T Q Q S S D

OUTUBRO

S T Q Q S S D

11

OUTUBRO

S T Q Q S S D

12

OUTUBRO

Dia das Crianças | Dia de Nossa Senhora Aparecida

13

S T Q Q S S D

OUTUBRO

14

S T Q Q S S D

OUTUBRO

S T Q Q S S D

15

OUTUBRO

NORMAL, NÉ?

S T Q Q S S D

16

OUTUBRO

17

S T Q Q S S D

OUTUBRO

18

S T Q Q S S D

OUTUBRO

S T Q Q S S D

19 OUTUBRO

Dia Nacional da Inovação

COMO EU TÔ POÉTICA HOJE.

S T Q Q S S D

20 OUTUBRO

Dia do Poeta

21

S T Q Q S S D

OUTUBRO

22

S T Q Q S S D

OUTUBRO

S T Q Q S S D

23

OUTUBRO

S T Q Q S S D

24

OUTUBRO

25

S T Q Q S S D

OUTUBRO

26

S T Q Q S S D

OUTUBRO

S T Q Q S S D

OUTUBRO

27

Boooo!

S T Q Q S S D

OUTUBRO

28

29

S T Q Q S S D

OUTUBRO

30

S T Q Q S S D

OUTUBRO

EU TAMBÉM TINHA MEDO DE HALLOWEEN!

S T Q Q S S D

31

OUTUBRO

Dia das Bruxas | Dia Nacional da Poesia

NOVEMBRO

DOMINGO					
SÁBADO					
Sexta-feira					
Quinta-feira					
Quarta-feira					
Terça-feira					
Segunda-feira					

AMIGOS SÃO AMIGOS PORQUE ESTÃO AO SEU LADO PARA O QUE DER E VIER.

Foto: Criativy Estúdio

ANIVERSARIANTES DO MÊS ↓

Nome:	Dia:

PRINCIPAIS PROVAS ↓

Disciplina:	Dia:

METAS DE NOVEMBRO

FAMÍLIA:

- [ ]
- [ ]
- [ ]
- [ ]
- [ ]

AMIGOS:

- [ ]
- [ ]
- [ ]
- [ ]
- [ ]

ESCOLA:

- [ ]
- [ ]
- [ ]
- [ ]
- [ ]

PRA MIM:

- [ ]
- [ ]
- [ ]
- [ ]
- [ ]

OUTRAS:

- [ ]
- [ ]
- [ ]
- [ ]
- [ ]

1

S T Q Q S S D

NOVEMBRO

2

S T Q Q S S D

NOVEMBRO

Finados

3

S T Q Q S S D

NOVEMBRO

4

S T Q Q S S D

NOVEMBRO

5

S T Q Q S S D

NOVEMBRO

6

S T Q Q S S D

NOVEMBRO

QUERO APROVEITAR ESTE MOMENTO.

S T Q Q S S D

7

NOVEMBRO

S T Q Q S S D

8

NOVEMBRO

9

S T Q Q S S D

NOVEMBRO

10

S T Q Q S S D

NOVEMBRO

S T Q Q S S D

11

NOVEMBRO

S T Q Q S S D

12

NOVEMBRO

13

S T Q Q S S D

NOVEMBRO

14

S T Q Q S S D

NOVEMBRO

S T Q Q S S D

15

NOVEMBRO

Proclamação da República

MINHA KIRIDINHA. DIGO, MY LITTLE DARLING.

S T Q Q S S D

16

NOVEMBRO

17

S T Q Q S S D

NOVEMBRO

Dia da Criatividade

18

S T Q Q S S D

NOVEMBRO

S T Q Q S S D

19

NOVEMBRO

S T Q Q S S D

20

NOVEMBRO

Dia Nacional da Consciência Negra

21

S T Q Q S S D

NOVEMBRO

22

S T Q Q S S D

NOVEMBRO

Dia do Músico

23

S T Q Q S S D

NOVEMBRO

24

S T Q Q S S D

NOVEMBRO

25

S T Q Q S S D

NOVEMBRO

26

S T Q Q S S D

NOVEMBRO

DEU BRANCO TOTAL.

27

S T Q Q S S D

NOVEMBRO

28

S T Q Q S S D

NOVEMBRO

29

S T Q Q S S D

NOVEMBRO

30

S T Q Q S S D

NOVEMBRO

DEZEMBRO

Segunda-feira					
Terça-feira					
Quarta-feira					
Quinta-feira					
Sexta-feira					
SÁBADO					
DOMINGO					

CONTINUEM ACREDITANDO, CONTINUEM CONQUISTANDO, CONTINUEM AGRADECENDO.

Foto: Criativy Estúdio

ANIVERSARIANTES DO MÊS ↓

Nome:	Dia:

PRINCIPAIS PROVAS ↓

Disciplina:	Dia:

METAS DE DEZEMBRO

FAMÍLIA:

- [ ]
- [ ]
- [ ]
- [ ]
- [ ]

AMIGOS:

- [ ]
- [ ]
- [ ]
- [ ]
- [ ]

ESCOLA:

- [ ]
- [ ]
- [ ]
- [ ]
- [ ]

PRA MIM:

- [ ]
- [ ]
- [ ]
- [ ]
- [ ]

OUTRAS:

- [ ]
- [ ]
- [ ]
- [ ]
- [ ]

1

S T Q Q S S D

DEZEMBRO

2

S T Q Q S S D

DEZEMBRO

3

S T Q Q S S D

DEZEMBRO

4

S T Q Q S S D

DEZEMBRO

5

S T Q Q S S D

DEZEMBRO

6

S T Q Q S S D

DEZEMBRO

S T Q Q S S D

7

DEZEMBRO

S T Q Q S S D

8

DEZEMBRO

FAMÍLIA

Dia da Família

9

S T Q Q S S D

DEZEMBRO

10

S T Q Q S S D

DEZEMBRO

FAMÍLIA TAMBÉM TEM PATAS!

11

S T Q Q S S D

DEZEMBRO

12

S T Q Q S S D

DEZEMBRO

13

S T Q Q S S D

DEZEMBRO

14

S T Q Q S S D

DEZEMBRO

15

S T Q Q S S D

DEZEMBRO

16

S T Q Q S S D

DEZEMBRO

17

S T Q Q S S D

DEZEMBRO

18

S T Q Q S S D

DEZEMBRO

19

S T Q Q S S D

DEZEMBRO

20

S T Q Q S S D

DEZEMBRO

21

S T Q Q S S D

DEZEMBRO

22

S T Q Q S S D

DEZEMBRO

FUTURO

23

S T Q Q S S D

DEZEMBRO

24

S T Q Q S S D

DEZEMBRO

25

S T Q Q S S D

DEZEMBRO

Natal

26

S T Q Q S S D

DEZEMBRO

27

S T Q Q S S D

DEZEMBRO

28

S T Q Q S S D

DEZEMBRO

29

S T Q Q S S D

DEZEMBRO

30

S T Q Q S S D

DEZEMBRO

S T Q Q S S D

31

DEZEMBRO

Beijos

ANOTAÇÕES

ANOTAÇÕES

ANOTAÇÕES

ANOTAÇÕES

ANOTAÇÕES

ANOTAÇÕES

ANOTAÇÕES

ANOTAÇÕES

EDITORA
Silvia Tocci Masini

EDITORAS ASSISTENTES
Carol Christo
Nilce Xavier

ASSISTENTE EDITORIAL
Andresa Vidal Vilchenski

REVISÃO
Renata Silveira
Carla Neves

ILUSTRAÇÕES
Fernanda Nia

FOTOGRAFIAS DE CAPA E MIOLO
Celso Luis/Criativy Estúdio

CAPA
Diogo Droschi

PROJETO GRÁFICO
Carol Oliveira
Diogo Droschi

A **GUTENBERG** É UMA EDITORA DO **GRUPO AUTÊNTICA**

São Paulo
Av. Paulista, 2.073, Conjunto Nacional,
Horsa I, 23° andar, Conj. 2301
Cerqueira César . 01311-940
São Paulo . SP
Tel.: (55 11) 3034 4468

Belo Horizonte
Rua Carlos Turner, 420
Silveira . 31140-520
Belo Horizonte . MG
Tel.: (55 31) 3465 4500

Rio de Janeiro
Rua Debret, 23, sala 401
Centro . 20030-080
Rio de Janeiro . RJ
Tel.: (55 21) 3179 1975

www.editoragutenberg.com.br